4576

INVENTAIRE
V 4,576   6592

Concession

Concession du Mazel,
Bassin Houiller de l'Aveyron.

Par décret Impérial en date du 24 mai 1859, la concession des mines de houille du Mazel (Aveyron), a été accordée à MM. Bérard et Levainville.

Cette concession est limitée :

Au Nord, par celle de Rual et Ricumort appartenant à la Compie de Decazeville (Forges et Fonderies de l'Aveyron).

A l'Ouest, par les concessions de Cransac à la Compie d'Aubin (Chemin d'Orléans), celles de Laverune et des Issards, propriétés de Mr le Vicomte Decazes et de la société de la Verrerie de Panchon.

Au Sud, par la concession d'Auzits à MM. Thirion et Delmas.

Et à l'Est, par une ligne de construction comprenant la limite du terrain houiller vers les grès bigarrés.

L'étendue de cette concession est de 283 hectares, sur lesquels 275 hectares portent sur le grès houiller et 8 hectares seulement sur les grès bigarrés, laissant de ce côté le champs ouvert à une très grande extension de concession.

Les travaux de reconnaissance exécutés jusqu'ici dans la Concession du Mazel ont fait reconnaître l'existence de plusieurs gîtes houillers dont la puissance varie depuis un mètre jusqu'à 10 mètres, tels sont ceux du Mazel, à la grande tranchée, à la clède, de la Richardie, &. Il est intéressant d'examiner, d'après la constitution géologique du bassin, l'importance de la richesse houillère de cette concession.

Le Bassin Houiller d'Aubin et Decazeville offre des caractères particuliers dont il est utile de se rendre compte. La puissance excessive des couches, peut-être sans exemple, les accidents auxquels elles sont soumises, l'apparition au jour, sur les limites, et quelquefois au milieu de la formation houillère, de roches serpentineuses en porphyroïdes, ou de grès métamorphiques, sont autant de causes qui contribuent à spécialiser en quelque sorte les caractères géologiques de cette contrée.

Pour arriver à préciser plus clairement nos idées, nous diviserons la formation carbonifère de ce bassin en deux périodes principales sous les noms de Système supérieur et système inférieur (Voir la coupe synoptique et la coupe générale).

Le système supérieur comprend une couche A d'une puissance très considérable, 30 à 40 mètres; et de plus sous celle-ci, trois petites couches formant le groupe B, variant de 1 à 3 mètres de puissance, séparées de la grande couche par un banc de grès de 40 à 50 mètres environ d'épaisseur.

La grande couche du système supérieur est presque toujours à une faible distance de la surface, 20 à 30 mètres au plus. Le banc qui la recouvre est généralement formé de schistes bitumineux et pyriteux dont l'inflammation spontanée est très facile; aussi les trouve-t-on à peu près partout calcinés, sans que l'altération se soit étendue très avant à la couche de charbon qu'ils recouvrent.

Le Charbon de cette grande couche est lui-même fortement pénétré de bancs schisteux, et de rognons et filets pyriteux: il est très dur, riche en gaz, lorsqu'il n'a pas été altéré, et brûle alors avec facilité.

Les petites couches du système supérieur, groupe B, donnent un charbon moins dur, mais aussi moins chargé de schistes et de pyrites de fer; elles sont exploitées sur quelques points de la vallée de Combes.

La grande couche A du système supérieur ne se trouve que dans les parties centrales du bassin, occupant les hauteurs des ondulations de la formation houillère: elle est principalement concentrée entre la vallée de Riounors courant de Firmy à Decazeville, et celle conduisant de Cransac à Aubin: elle disparaît sur les limites du bassin où la puissance de la formation charbonneuse diminue; elle constitue ces vastes exploitations à ciel ouvert de Lassale à Decazeville, de Lavaisse dans la vallée de Combes, des Etieux au Nord de Cransac et au voisinage du Mazel &ᶜ, amas considérables, mais forcément restreints, découpés par les accidents du bassin, formant des chapeaux sur les sommités du fond de bateau où la formation est complète et atteint son maximum de puissance.

La facilité d'exploitation, au début, de ces immenses dépôts, mis en quelque sorte à nu sur plusieurs points par la faible épaisseur du terrain schisteux qui les recouvrent, a fait négliger pendant longtemps l'étude et la recherche des gîtes inférieurs : ce n'est que depuis peu d'années que les trois couches (groupe B) de la partie inférieure du système supérieur, sont en exploitation.

Le système inférieur est formé d'une fort belle couche de charbon (C) dont la puissance varie de 6 à 15 mètres et quelquefois plus encore, généralement plus régulière dans son allure que la grande couche du système supérieur, moins chargée en schistes et sulfures de fer, ayant conservé plus intacts tous ses principes constitutifs. Ce charbon est riche en gaz et très recherché pour la forge maréchale ; c'est également celui qui donne le meilleur coke.

Dans cette couche sont pratiquées les exploitations de Cerles à Firmy, de Passelaygue près Cransac, et peut-être aussi de Campagnac. Elle atteint dans quelques parties une puissance assez considérable pour pouvoir être exploitée à ciel ouvert près des affleurements.

Indépendamment de cette couche, la plus importante du bassin houiller par la nature de son charbon, sa régularité et son étendue présumée, des travaux récents ont fait reconnaître sur les limites du bassin, au sud, notamment du côté de Ruthe, un faisceau de plusieurs petites couches formant le groupe D, qui se trouveraient tout-à-fait à la base de la formation houillère. Trois ont été reconnues, peut-être en existe-t-il un plus grand nombre ? Leur puissance varie de 1 à 3 ou 4 mètres et la nature de leur charbon se rapproche de celle de la grande couche C.

Ainsi nous apercevons déjà une espèce de symétrie dans les deux systèmes qui sont en quelque sorte la reproduction des mêmes phénomènes de formation à des intervalles de temps considérables. Indépendamment d'un faisceau de petites couches placé à la base de chacun d'eux, ils possèdent l'un et l'autre une puissante couche superposée aux petites.

La couche C du système inférieur située à un niveau moins élevé, ne présente en général ses affleurements que dans le bas ou à mi-côte des vallées : elle a été peu entamée par l'affaissement ou l'érosion des dépressions du sol ; son étendue première doit être considérable ; et bien que jusqu'à ce jour elle ne se montre que sur un certain nombre de points, il n'en est pas moins probable qu'elle doit occuper la plus grande partie de l'étendue du bassin houiller. La qualité supérieure de son charbon, la facilité de son exploitation lui assurent le plus bel avenir.

C'est donc ce système inférieur, existant évidemment sous le système supérieur et peu attaqué encore, qui est appelé à fournir, dans un temps prochain, les principales ressources du bassin de l'Aveyron.

Les travaux de recherche exécutés au Mazel ont constaté l'existence d'une couche de houille d'excellente qualité, dont la puissance varie de 6 à 10 mètres, avec une inclinaison vers l'Est, variable de 20 à 30°. Elle a été reconnue en direction sur une longueur de 120 mètres environ, sans qu'il ait été signalé aucune variation notable dans l'allure.

Toutes les conditions géologiques de cette couche et ses caractères minéralogiques semblent devoir la faire considérer comme se rapportant à la partie supérieure du système inférieur, c'est-à-dire à la couche C : elle serait en quelque sorte la suite ou le prolongement de la belle couche de Cerles qui produit, dans l'exploitation voisine de Firmy appartenant à la Compie de Decazeville, les meilleurs charbons à Coke du bassin. La direction des affleurements fournit à cet égard des indications qu'on ne peut révoquer en doute, malgré les interruption de la surface résultans des accidents de terrain et les recouvremens par les dépôts d'alluvions modernes ou conglomérats de la montagne.

La belle couche de Passelaygue, appartenant à la Compagnie d'Aubin, se rapporte à la même formation : seulement ici le pendage est en sens inverse par suite d'une action de soulèvement qui paraît avoir affecté le bassin suivant une ligne menée des irruptions de roches serpentineuses du Puy-Volf aux conglomérats porphyriques de la Bertrandie (Voir la carte Géologique du bassin.) Indépendamment de la grande couche reconnue au Mazel et que nous rapporterons à la couche C du système inférieur, quelques travaux de recherche, qui n'ont pas été poussés très avant, ont reconnu dans le voisinage, au lieu dit le Séchoir, deux petites couches ayant été suivies près de l'arête de soulèvement ; étaient mal réglées et soumises à des accidents assez fréquens ; elles se rapportent sans doute à la base du système supérieur (groupe B) dont elles forment des lambeaux abandonnés dans l'action de décrouvrement qui a fait disparaître dans cette localité la grande couche A du système supérieur.

Mais d'autres travaux entrepris près de la Clède, dans le pendage Est du système, ont retrouvé les couches analogues assez bien réglées, ce qui est d'un bon augure pour les couches inférieures et démontre la reproduction régulière de la formation dans cette partie.

Ainsi dans la partie Nord-Est de la Concession du Mazel, la formation houillère est complète à l'exception de la grande couche A du système supérieur, enlevée sans doute dans l'action de soulèvement et d'érosion qui a produit le décrouvrement des hauteurs à partir de l'exploitation des Etuves vers la partie orientale du bassin.

Au Sud de la concession, près de la Richardie, les travaux exécutés jusqu'ici ont suivi une couche de charbon bien réglée de 1^m.30 à 1^m.50 de puissance. Il serait intéressant de rechercher à quelle formation appartient ce gisement.

L'exploitation très voisine de Campagnac a mis à découvert une magnifique couche de houille dont la puissance n'est pas moindre de 25 à 30 mètres. Cet important gisement est exploité à ciel ouvert près des affleurements. L'opinion des géologues qui ont étudié la contrée diffère quant à l'âge de cette formation: les uns la rapportent au système supérieur dont elle formerait la grande couche A; d'autres au système inférieur dont elle formerait la couche C. Dans la première hypothèse, les travaux de la Richardie auraient été exécutés dans le groupe B du système supérieur, laissant intact tout le système inférieur qu'on devrait retrouver dans la profondeur.

Dans la seconde hypothèse, la couche reconnue de la Richardie pourrait appartenir à l'une de celles formant le groupe D du système inférieur, en raison du redressement des couches à partir de Campagnac vers la Richardie; mais dans cette même supposition, il serait fort possible qu'un rejet eût, dans l'intervalle qui sépare ces deux gisements, déplacé à un niveau inférieur la partie voisine de la Richardie, et alors la couche reconnue dans cette localité pourrait fort bien appartenir au groupe B du système supérieur. Nous aurons à examiner ces deux hypothèses, dont la solution ressortira des travaux ultérieurs.

En l'état, nous voyons que dans la partie Nord-Est de la concession du Mazel, la grande couche A du système supérieur manque seule; qu'on retrouve le groupe B de ce même système avec des accidents d'allure dans la partie voisine de l'arête de soulèvement allant de la Bertiandie au Puy-Volf de Firminy: Dans toute cette partie Nord-Est par conséquent, le système inférieur reste complet, et on doit y ajouter la base du système supérieur.

Vers la partie Sud de la concession, du côté de la Richardie, il paraît probable que le système inférieur existe aussi dans son intégralité avec une partie au moins du groupe B du système supérieur. Mais si cette supposition ne se réalisait pas, on aurait tous au moins la totalité du groupe formant la base du système inférieur donnant du charbon d'excellente qualité.

On voit que si une partie du système supérieur manque sur quelques points de la concession, on a partout le groupe D du système inférieur ; de plus, sur une portion notable de la concession, on possède la grande couche C du système inférieur, la plus importante du bassin ; et enfin sur des parties plus restreintes, le groupe B du système supérieur.

L'importance du dépôt charbonneux dans la concession du Mazel peut, d'après cela, s'estimer approximativement comme suit :

Dans la partie Nord-est de la concession, sur une étendue probable de 120 hectares existe la grande couche C du système inférieur, et sur 80 hectares environ, une partie du groupe B du système supérieur. Admettons pour celui-ci une moyenne de puissance des 3 couches de 1^m.20, ce qui fait 3^m.60 que nous réduisons à 2 mètres pour les parties manquantes. Nous avons ainsi un massif de 2 mètres sur 80 hectares, ou 800,000 mètres carrés, soit 800,000 × 2 = 1,600,000 mètres cubes de charbon, ci . . . . 1,600,000 m.cubes

La puissance moyenne de la couche C ne peut être estimée à moins de 8 mètres ; admettons 7 mètres seulement.

Le massif de cette couche sera donc représenté par 1,200,000 mètres carrés × 7 = 8,400,000 mètres cubes, ci . . . . . 8,400,000 "

Dans la partie Sud de la concession, si on admet, ce qui paraît probable, que les travaux de la Richardie ont suivi une couche du groupe B, on aurait alors ce groupe sur une étendue de 60 à 70 hectares, et la couche C, probablement plus puissante qu'au Mazel, sur une étendue qu'on peut supposer devoir être de 90 hectares. En admettant seulement les mêmes puissances que précédemment,

à Reporter . . . . . 10,000,000 m.cubes.

Report...... 10,000,000 m. cubes

on aurait :

Pour le groupe B.. 600,000 m. carrés × 2 m = 1,200,000 mètres cubes
Pour la Couche C.. 900,000 mètres carrés × 7 m = 6,300,000 " "
                    Ensemble .... 7,500,000 mètres cubes ... 7,500,000 m. cubes

(Ces 7,500,000 mètres cubes devraient être retranchés si la supposition admise ne se réalisait pas).

Mais dans toute hypothèse, le groupe D du système inférieur doit occuper la totalité de l'étendue de la concession, à cela près des irrégularités et accidents de couches inhérents à toutes les formations houillères.

Or, le groupe D comprend 3 couches reconnues, et probablement une 4ᵉ sur l'existence de laquelle on n'est pas encore parfaitement fixé. La puissance de ces couches varie de 1 à 4 mètres : admettons une moyenne minima de 1ᵐ 50. Les 3 couches reconnues formeraient donc une puissance totale de 4ᵐ 50.

L'étendue de la concession étant de 283 hectares, nous aurons comme massif de charbon fourni par ce groupe :
2,830,000 mètres carrés × 4 m 50 .... 12,735,000 m. cubes
                                                              ─────────────
                        Total général...... 30,235,000 m. cubes
Dans l'hypothèse la plus défavorable, en retranchant les   7,500,000 "
ci-dessus, il restera un total de ....   22,735,000 "
                                                              ═════════════

Réduisons ces quantités d'un tiers pour tenir compte largement des accidents de couches et des non-valeurs d'exploitation ; il restera à exploiter d'après cela, dans un cas, 15 millions de mètres cubes.
dans l'autre cas, 20 millions   "   "

Ces quantités se trouvent augmentées par l'inclinaison des couches : nous négligerons ces accroissements en les laissant encore comme compensation aux non-valeurs d'exploitation.

Le charbon ayant une densité de 1.4 environ, ces 15 à 20 millions de mètres cubes de charbon correspondront à 21 et 28 millions de tonnes : admettons seulement 20 millions de tonnes.

Or, en supposant une extraction annuelle de 100 mille tonnes, la concession du Mazel fournirait à une durée d'exploitation de 200 ans.

L'importance de la concession du Mazel et sa richesse étant établies, jetons un coup d'œil sur la nature de son charbon et les emplois auxquels il peut le mieux convenir.

La houille de l'Aveyron commence à peine à être connue dans le monde commercial. L'absence de toute voie de communication avait, en quelque sorte, réduit l'emploi de ces charbons aux seules usines métallurgiques de Decazeville et d'Aubin : il n'avait pas été possible jusqu'ici de les essayer utilement dans leur application à la navigation, où ils sont destinés à jouer un rôle si important, ni à la fabrication du gaz, où ils doivent être à peu près sans rivaux.

L'espèce de discrédit dont ils ont été frappés à leur origine, tenait à ce qu'à cette époque l'exploitation était réduite à la grande couche du système supérieur où l'extraction se faisant à ciel ouvert avec une extrême facilité au début, avait fait négliger les couches inférieures exigeant des travaux d'art. Or, cette grande couche en amas, dont la puissance atteint jusqu'à 30 et 40 mètres, est fortement pénétrée de schistes et de sulfure de fer, nuisibles à la qualité ; la présence de ces matières étrangères facilite singulièrement l'inflammation spontanée. Cette couche, très voisine de la surface, n'a pas été suffisamment protégée contre l'action des agents atmosphériques exerçant une action d'altération très prompte sur la qualité du charbon. Mais avec l'exploitation régulière et soutenue des couches inférieures, il n'en est plus de même, et on retrouve alors les véritables charbons de l'Aveyron, au lieu des charbons accidentellement altérés de la couche supérieure.

Ce qui distingue surtout les charbons de l'Aveyron et leur donne un caractère exceptionnel au milieu de tous les charbons des divers bassins houillers du midi de la France, c'est leur extrême dureté qui n'exclut pas une très grande facilité d'ignition ; c'est en outre leur richesse exceptionnelle en gaz et matières volatiles. À ce double point de vue, ils se rapprochent beaucoup des charbons de Newcastle avec lesquels ils peuvent rivaliser sous plusieurs rapports. Comme ceux-ci, ils brûlent à longue flamme et lorsque la combustion des principes volatils est complète ; ce sont ces charbons qui fournissent le pouvoir calorifique le plus considérable en raison de l'énorme proportion d'hydrogène qu'ils renferment. La seule différence à signaler est dans la proportion de cendre qui est un peu plus considérable dans les charbons de l'Aveyron ; mais cette infériorité relative peut être presque toujours rachetée par les opérations du lavage et de l'agglomération.

Dans le bassin lui-même d'Aubin et Decazeville, les diverses couches que nous avons signalées présentent quelques caractères particuliers de qualité dont nous devons faire mention.

Nous avons vu que la grande couche du système supérieur, par son voisinage de la surface, offrait très souvent un charbon altéré ayant perdu une partie de ses principes volatils, ce qui le rend alors très peu propre à la carbonisation. Cette couche est en général tellement mélangée d'impuretés que dans l'opération de l'épuration on extrait jusqu'à 25 et 30 p % de matières étrangères : Du reste, ce charbon est extrêmement dur et solide.

La couche C du système inférieur fournit un charbon un peu moins dur, quoique très solide, mais notablement plus pur que celui de la couche A ; située à un niveau inférieur, ce charbon a conservé tous ses principes constitutifs, aussi est-il fort riche en gaz et matières volatiles, et convient-il admirablement à la fabrication du gaz : c'est en outre celui qui fournit le meilleur coke du bassin

Les Couches du groupe B fournissent des qualités intermédiaires entre les deux couches principales A et C, quoique se rapprochant davantage de celle-ci.

Les couches du groupe D participent des qualités de la couche C en les surpassant même quelquefois, et le charbon qui en provient ne le cède à aucun autre.

On voit donc d'après cela, qu'à l'exception de la grande couche A du système supérieur, dans quelques parties son altérée, les gîtes houillers du bassin de l'Aveyron fournissent des qualités de charbon particulières et fort intéressantes : Dureté et solidité remarquables, conditions essentielles pour les transports à de grandes distances et qui doivent faire rechercher ces charbons pour la navigation lointaine ; Grande richesse en gaz et matières volatiles, qualité précieuse pour la fabrication du gaz d'éclairage. Cette propriété acquerra sans doute une haute importance dans un avenir prochain, car on ne peut douter que l'emploi des gaz ne soit appelé à jouer bientôt un rôle considérable dans la métallurgie en opérant une transformation radicale dans les procédés usités.

Ces qualités exceptionnelles des charbons du bassin d'Aubin sont déjà en grande partie constatées par des faits. Ainsi, contrairement aux prévisions, ils sont employés depuis plus d'un an avec beaucoup d'avantages dans les foyers des locomotives à l'état naturel. Des essais en grand, ordonnés récemment par l'État pour la grande navigation, ont fourni d'excellents résultats en donnant un très grand pouvoir calorifique.

La qualité des charbons du bassin d'Aubin étant reconnue, jetons un coup d'œil sur la position des divers bassins houillers du midi de la France qui pourraient entrer en concurrence avec celui d'Aubin et Decazeville sur les différents marchés de nos contrées méridionales, ainsi que sur la qualité des charbons de ces diverses provenances. Ces exploitations se réduisent à celles de : Carmaux près Alby ; Graissessac près Bedarieux ; Alais (Grand'Combe, Bésséges, Portes &c.).

Les Charbons de ces bassins houillers sont bien plus friables que la houille de l'Aveyron; la pureté d'aucun d'eux n'est supérieure à celle-ci; ils sont sensiblement moins riches en gaz, plusieurs fournissent en majorité des charbons maigres ou maigres pour lesquels l'agglomération après lavage est indispensable.

Au reste, à l'exception de Carmaux, le débouché naturel de ces charbons doit avoir son courant vers le bassin méditerranéen, laissant le champs libre aux charbons d'Aubin pour l'approvisionnement de tout le Sud-Ouest.

On voit d'après cela, que les charbons de l'Aveyron offrent une qualité spéciale qui les fera toujours rechercher, de préférence à tous ceux du midi de la France, pour l'exportation, la navigation maritime au long-cours et la production du Gaz: ils ne peuvent trouver à cet égard de rivaux que dans les seuls charbons anglais du comté de Durham, du Northumberland et de quelques variétés du Lancashire. Les charbons du pays de Galles sont en général trop friables, et à l'exception des Steamcoal de cette contrée, si convenables pour la petite navigation, les autres doivent être exclus.

Examinons actuellement la question commerciale de vente ou de débouché.

Longtemps le bassin houiller de l'Aveyron a été privé de toute communication utile avec le reste de la France: les routes de terre, mal entretenues, étaient insuffisantes au transport des produits métallurgiques, et à plus forte raison du charbon ayant une moindre valeur. Le Lot, à peine navigable pendant quelques jours de l'année, n'offrait qu'une ressource extrêmement précaire et sans importance.

Cependant, lorsqu'on jette un coup d'œil sur une carte de France et qu'on examine les voies ferrées déjà livrées à la circulation et celles en cours d'exécution dans le Sud-Ouest, on ne tarde pas à se convaincre qu'il n'est dans notre pays, aucun bassin houiller placé dans une situation plus favorable.

Le Chemin de fer du Lot, en exploitation depuis plus d'un an, met en communication le bassin d'Aubin avec le chemin du midi par Montauban. Tout le vaste marché de la belle vallée de la Garonne lui est assuré à peu-près sans rivalité possible depuis Toulouse jusqu'à Bordeaux; car la concurrence de Carmaux paraît peu redoutable. On peut même déjà desservir sur les côtes plusieurs départements limitrophes.

Le prolongement du chemin du Lot vers Limoges, ce grand centre industriel, son raccordement à Périgueux avec la ligne de Paris à Bordeaux, ouvriront sous peu un marché immense aux produits de l'Aveyron et leur permettront d'arriver, dans certains cas donnés, sur tout le littoral de l'Océan, depuis Bayonne jusqu'à Nantes.

Le réseau Pyrénéen en cours d'exécution, permettra bientôt aux charbons de l'Aveyron d'arriver jusqu'à l'extrême frontière de l'Espagne et de desservir une partie des Pyrénées Espagnoles entièrement dépourvue de combustible. Le charbon pouvant être livré à des prix modérés, les richesses minérales des Pyrénées ne tarderont pas à pouvoir être mieux utilisées, et on verra sous peu, grâce à la perfection des moyens de communication, se développer d'importantes industries.

Ainsi, dans un avenir prochain, le bassin houiller d'Aubin est destiné à approvisionner près d'un cinquième de l'étendue de la France et à alimenter plusieurs de ses ports de mer des plus importants. Avec une paix solidement assise, et la prospérité générale qui en résultera, le développement progressif de la consommation industrielle assurera des débouchés que les exploitations actuelles seraient insuffisantes à combler.

Dans le cas d'une guerre maritime, les charbons anglais ne pouvant plus arriver sur le littoral de l'Océan, les charbons d'Aubin seraient seuls appelés à les remplacer, et alors leur importance grandirait dans des proportions que l'on n'ose ni prévoir ni calculer.

Dans toute hypothèse, le rôle qu'est appelé à jouer le bassin houiller de l'Aveyron dans l'approvisionnement commercial et industriel de la France est des plus considérables et assure la prospérité de ses exploitations.

Nous avons à examiner actuellement quels seraient les travaux à exécuter à la concession du Mazel pour la mettre en valeur.

Le gîte le plus important reconnu jusqu'ici par les travaux de recherches, est celui du Mazel proprement dit, ou de la grande tranchée, ayant 6 à 10 mètres de puissance et suivi sur une longueur de 120 mètres environ en direction. Les travaux de reconnaissance ayant été exécutés à une distance peu considérable de la surface, il serait intéressant de suivre cette belle couche dans la profondeur par une descenderie pratiquée vers l'extrémité de la Galerie de direction. Mais ce travail ne pouvant servir à l'exploitation ultérieure, nous devons déterminer le mode de travail qui nous paraîtrait le plus convenable à adopter pour l'exploitation proprement dite.

Si on suppose un profil suivant la direction de la couche, et une coupe verticale faite à l'extrémité de la galerie de direction, perpendiculairement à celle-ci, développés ensuite l'un et l'autre dans le même plan, on voit la forme du terrain de la surface par rapport à la situation du gisement (voir le plan général de la Concession et le profil, planche N.º 3) La couche de charbon relevée près du jour suivant une inclinaison de 30° environ, s'enfonce dans la montagne dans le sens de la pente de la surface avec une inclinaison qui semble diminuer dans la profondeur et varier de 20 à 25°.

D'après ces circonstances locales, il conviendrait d'établir une galerie à travers banc qui viendrait recouper le gîte houiller à 30 mètres environ en contre-bas de l'extrémité reconnue de la couche. Cette galerie désignée dans les plans et profils sous le nom de Galerie N.º 2, aurait environ 200 mètres de longueur et pourrait être exécutée en 15 ou 18 mois ; elle servirait à l'exploitation de l'amont-pendage de la couche au-dessus de son niveau, et à recueillir toutes les eaux de la surface, en leur donnant un écoulement naturel et sans frais, avant qu'elles se soient infiltrées dans les travaux inférieurs d'où l'exhaure deviendrait dispendieux.

La partie inférieure à la galerie N° 2, serait exploitée au moyen d'un puits foncé dans le voisinage de l'entrée de cette galerie (Puits N° 1), de manière à centraliser les produits de l'extraction et faciliter la surveillance. Ce puits recoupant la couche à une profondeur de 100 mètres au plus, fournirait, par des galeries en direction menées à droite et à gauche, un très vaste champ d'exploitation dans tout l'amont-pendage compris entre sa jonction à la couche et la galerie N° 2, sur une étendue de plus de 230 mètres, mesurée suivant l'inclinaison de la couche.

Ce puits N° 1, pourrait être prolongé de 70 à 80 mètres au-delà de sa rencontre avec le gîte charbonneux; et au bas on pousserait une galerie à travers bancs (galerie N° 3) vers le mur de la couche pour recouper celle-ci à un niveau inférieur et former ainsi un autre champ d'exploitation dans l'amont-pendage entre le puits et l'extrémité de la galerie N° 3, comprenant encore une étendue de près de 200 mètres.

La profondeur totale du puits N° 1 projeté ne serait donc que de 170 à 180 mètres; présentant deux champs d'exploitation considérables dans la même couche, et capables de fournir en peu d'années à une extraction de 200 à 300 tonnes par jour au moins. Or, à cette profondeur, avec un puits guide, il serait facile d'extraire au-delà de 400 tonnes par jour. On aurait donc ainsi sur ce seul point par la galerie N° 2 et le puits voisin N° 1, une fort belle exploitation établie à peu de frais.

Nous ne faisons mention ici que pour mémoire de la probabilité de rencontrer près au jour quelques couches du système supérieur, et certainement dans un avenir plus éloigné, en poursuivant ce puits dans la profondeur, de recouper le groupe D du système inférieur.

La plus grande partie des eaux ayant été retenue au niveau de la galerie N° 2, il suffirait de donner au puits une section un peu plus forte pour y établir une petite colonne de pompe qui suffirait pendant longtemps à l'épuisement des eaux venant de la partie inférieure à cette galerie.

Les Charbons amenés au jour à l'entrée de la galerie N.º 2 et du puits N.º 1, devraient être conduits à la grande ligne du réseau central dans la vallée d'Auzits, à la distance de 1800 à 1900 mètres environ. Cet espace serait parcouru sur un chemin de fer de service à petite voie (0ᵐ:80) par le matériel de la mine, sans aucun transbordement, et les wagons déchargés directement aux estacades de la gare à établir latéralement au chemin de fer du réseau central.

La différence de niveau entre le point de départ à l'entrée de la galerie N.º 2, ou de l'ouverture du puits, et l'arrivée au réseau central, serait de 19 à 20 mètres. Or, en admettant une pente descendante de 5 à 6 ᵐ/ᵐ par mètre, très convenable pour la traction, ce qui ferait 10 à 11 mètres sur la longueur totale, il resterait à l'arrivée une différence de niveau de 8 à 10 mètres largement suffisante pour opérer tous les criblages et effectuer le chargement dans le grand matériel du chemin de fer à la hauteur des wagons.

Tel serait l'ensemble des dispositions générales à adopter sur ce point, sauf les modifications partielles que l'étude de détail pourrait suggérer.

Il serait bien possible d'exploiter dès l'abord, à ciel ouvert, la partie supérieure de la grande couche du Mazel; mais cette manière de procéder aurait de graves inconvénients pour l'avenir, et on ne devrait y recourir que dans un cas extrême.

Indépendamment de ce centre principal d'exploitation, on en établira un autre près de la Richardie, à 300 mètres environ de la grande ligne du Réseau central.

Sur un point qui sera ultérieurement fixé d'une manière plus précise, on foncera un puits destiné à recouper le système charbonneux dans sa plus grande puissance (Puits N.º 2). Les produits de cette exploitation seront transportés à la ligne du réseau central par un petit chemin de fer de service dont le développement ne dépassera pas 300 mètres, ainsi que nous l'avons dit : les pentes seront dans de bonnes conditions de viabilité. L'exploitation de la Richardie par le puits N° 2 se trouvera donc dans d'excellentes conditions de transport, et si on rencontre sur ce point la grande couche du système inférieur, ce qui paraît probable, l'exploitation de la Richardie acquerra une importance très considérable.

D'après ce projet de travaux, dont il n'est possible en ce moment que d'esquisser le plan général, la première année serait consacrée presque uniquement à l'exécution des ouvrages préparatoires improductifs, tels que puits, galeries à travers banc, chemins de fer &c. Dès la seconde année on aurait à préparer les galeries d'allongement dans les massifs de charbon et les recoupes. Cette seconde année commencerait déjà à être productive et on pourrait compter sur une extraction de 15 à 20 mille tonnes. La 3ᵉ année pourrait être facilement portée à 60,000 tonnes. La 4ᵉᵐᵉ année et les suivantes, il ne serait pas difficile, sans doute, d'atteindre le chiffre de 80 à 100 mille tonnes.

La dépense pour arriver à la réalisation de ces résultats, peut être établie approximativement comme suit :

Exploitation du Mazel.

Galerie N° 2 d'écoulement et de roulage. Longueur environ 200 mètres à 50 f. le mètre, sans la pose des rails, ci............ 10,000 f

Grand puits N° 1.

La profondeur totale de ce puits serait de 170 à 180 mètres : nous porterons dans ce devis la dépense pour le conduire jusqu'à sa rencontre avec la couche, les travaux ultérieurs peuvent être supportés par l'exploitation :

100 mètres à 500 f le mètre, y compris le guidage, ci............ 50,000.

aménagements à la surface, installation de la machine à vapeur, &c.... 60,000.

Pose de rails à l'intérieur, et matériel roulant correspondant à cette partie des travaux, environ............ 50,000

Galeries préparatoires diverses, dont une portion sera exécutée dans le charbon, environ 500 m à 50 f soit 25,000 f

Total à reporter :............ 170,000

| | Report .... | 170,000 f |

Une partie de cette somme étant payée par la valeur du produit, admettons comme dépense improductive, ci 15,000

Chemin de fer allant de l'entrée de la galerie N° 2 au Réseau central dans la vallée d'Auzits :

Portion à exécuter au jour, environ 1700 mètres à 22 f y compris les indemnités de terrain		37,400
" en tunnel, environ 250 " à 60 f		15,000
Gare d'arrivée au Réseau central et raccordement, environ		6,000
Estacades à la gare, aménagements divers de criblage, &c		10,000
Total pour l'exploitation du Mazel		253,400 f

Exploitation de la Richardie.

Puits N° 2 devant recouper le système.

« Nous admettons au compte de Capital de 1er Établissement le creusement jusqu'à la profondeur de 100 mètres pour rencontrer les premières couches exploitables, les travaux suivants étant mis au compte de l'exploitation. 100 mètres environ à 500 francs, ci .... 50,000 f

Aménagements à la surface, machine à vapeur &c 60,000

Pose de rails à l'intérieur, et matériel roulant correspondant à cette partie 29,000

Galeries préparatoires diverses, pour la partie improductive 10,000

Chemin de fer de service à la surface, conduisant au Réseau central : environ 300 mètres à 22 f, ci 6,600

Voie de garage, raccordement au Réseau central, et aménagement à la gare, ci 10,000

Total pour l'exploitation de la Richardie ...... 146,600 f

« Nous avons donc :

Pour l'exploitation du Mazel .... 253,400 f
Pour l'exploitation de la Richardie 146,600

Total à reporter pour l'organisation de l'Exploitation .... 400,000 f

$\qquad\qquad\qquad\qquad$ Report .... 400,000.^{f}

Nous devons ajouter à ce chiffre, en travaux généraux :

$\qquad$ Bâtiments divers, logements d'ouvriers, ateliers de réparation du matériel, chemins divers de service, imprévu .... 100,000.

$\qquad$ Enfin le fonds de roulement correspondant à 6 mois d'exploitation, soit dans la 3ème année de 30 mille tonnes à 6 f. environ .... 130,000.

$\qquad\qquad$ Total du Capital à employer .... 630,000.^{f}

Déjà à cette époque les bénéfices réalisés viendraient en réduction du capital à employer ; mais nous négligerons cette ressource qui servira de compensation à l'intérêt des sommes à dépenser jusqu'alors.

Il nous reste à établir quels seraient les bénéfices qu'une exploitation houillère organisée sur ces bases pourrait offrir.

Dans une exploitation à créer, il est assez difficile d'établir par avance et avec précision le prix de revient. Cependant, d'après la nature du charbon, la puissance et la position de la couche, on peut se rendre compte, à priori, des frais d'extraction. Nous avons d'ailleurs ici l'expérience acquise dans les mines voisines, situées dans des conditions analogues, qui nous servira de guide assez sûr en pareille matière.

Dans les travaux à ciel ouvert, dits de découverte, le prix de revient du charbon tout-venant est admis entre 3 et 4 francs la tonne rendu après triage sur le carreau principal de la mine.

Dans les travaux souterrains, la moyenne du prix de revient de la tonne de charbon tout-venant est de 5 francs à 5^{f}50 sur le carreau principal de la mine après triage.

Notre intention étant de faire le moins possible de l'exploitation à ciel ouvert, mais bien de l'exploitation souterraine avec un mode de remblais aussi parfait que possible, nous adopterons le chiffre le plus élevé de 5.^{f}50 ;

ou soit 6ᶠ 50 la tonne rendue à la Gare du Réseau central dans la vallée d'Auzits, tous frais d'administration compris.

Avec des charbons aussi durs que ceux du bassin d'Aubin, on peut admettre que le criblage au travers d'une grille dont les barreaux sont espacés de 4 centimètres, ainsi que l'a adopté la Marine pour les dernières livraisons qui lui ont été faites, doit fournir au moins 60 p/% de gros, contenant dans ce cas de la bonne gailletterie, et 40 p/% de menu très peu poussiéreux, ce qui est le caractère distinctif de ces charbons.

Au prix ci-dessus admis de 6ᶠ 50ᶜ la tonne, le marché de la localité offrirait un bénéfice de 5 à 6 francs la tonne sur le menu criblé à 4 centimètres, et de 8 à 10 francs sur le gros.

Le marché de Montauban présenterait un bénéfice de 6 à 7 francs sur le menu, et de 11 à 12 francs sur le gros.

Le marché de Toulouse, un bénéfice de 5 à 6 francs sur le menu et de 10 à 11 francs sur le gros.

Le marché de Bordeaux, de 4 à 5 francs sur le menu et de 8 à 10 francs sur le gros.

Les dernières livraisons de gros à la Marine de l'État à Bordeaux, ont laissé un bénéfice net de 14 francs la tonne.

On peut donc admettre comme moyenne minima de bénéfice ;

Sur le menu ..... 4ᶠ 50 par tonne

Sur le gros ...... 9ᶠ 00 " "

D'après ces données, une exploitation de 60 mille tonnes par an, (qui peut être portée facilement à 100 mille tonnes avec les installations indiquées) se divisant en ...... 36,000 tonnes gros et gailletterie, et 24,000 tonnes menu;

donnerait les résultats suivants :

36,000 tonnes gros à 9ᶠ de bénéfice, ci 324,000ᶠ

24,000 " menu à 4ᶠ 50 " ci 108,000ᶠ

60,000 tonnes ─ Total du bénéfice annuel 432,000ᶠ

En supposant une Société constituée au Capital de 2,000,000 francs
dont moitié pour l'apport social des fondateurs, et moitié pour le capital argent,
l'intérêt du Capital social étant compté à 5 p% plus 2 % d'amor-
tissement et 3 p% de fonds de réserve, soit en tout 10 p% à prélever,
ou par an .... 200,000 f.
il resterait comme dividende à distribuer annuellement .... 232,000 f.

  Total égal au bénéfice d'exploitation .... 432,000 f.
soit 11,6 p% de dividende net, ou en plus de l'intérêt de l'amortisse-
ment et de la réserve, on aurait en outre un capital de réserve de 320,000 fr.

  Ce résultat fort satisfaisant serait atteint la 3ᵉ année, mais déjà
la 2ᵉ année offrirait des bénéfices qui pourraient venir s'ajouter au compte
capital, ou servir au payement des intérêts simples de celui-ci. Les années
suivantes pourraient être plus prospères encore.

  Les avantages que présente cette opération sont dus en partie au
rapport équitable et rationnel qui existe entre le Capital disponible
argent et l'apport social. Lorsqu'on voit de nos jours des opérations
houillères portées au capital apport de 20 millions avec un fonds
disponible de 3 millions, on ne doit pas s'étonner des échecs subis
par de telles combinaisons.

  Nous devons signaler ici un des avantages de la position de
Mazel ; c'est sa proximité d'une grande ligne ferrée. Le réseau central
en effet, longe la concession à peu près sur deux des côtés de son péri-
mètre : on n'a donc qu'à établir de petits chemins de fer de service
d'une construction économique, qui ne sortent guère de l'étendue
de la concession, sans avoir à grever l'opération d'un capital
considérable par l'établissement de grandes lignes devant servir au
débouché des produits. Ici tout est fait. En outre l'exploitation
du Mazel est vierge : toutes les richesses existent intactes sans
avoir été gaspillées. Il ne s'est produit aucun de ces accidents
d'inflammation spontanée, si fréquents dans d'autres mines ;

et nous espérons bien les éviter avec un bon système d'aménagement et de remblais.

Nous venons de voir que le gros charbon présentait un avantage commercial plus considérable que le menu : c'est également celui dont la vente et le débouché sont le plus facile. Lorsqu'une opération arrive à des proportions de quelque importance, l'utilisation des menus est toujours entourée de quelques difficultés : il faut avoir recours alors, soit à la carbonisation ou à l'agglomération, soit à l'adjonction d'une industrie métallurgique, ou autre, pouvant employer une bonne partie de ces menus et assurer un courant régulier d'opération.

Or, la carbonisation ne peut être pratiquée utilement aujourd'hui sur les charbons de l'Aveyron qu'à la condition de recueillir tous les produits, et notamment les gaz auxquels il faut trouver un emploi utile. Par cela même que ces charbons sont très riches en gaz, leur rendement en coke est faible, et l'application dans notre cas des procédés ordinaires, présentent d'autant moins d'avantages que la valeur du coke est plutôt en baisse relativement au charbon.

L'agglomération offrirait des avantages qui seraient surtout marqués si on faisait des mélanges avec des charbons moins gras, de manière à apporter à ceux-ci les principes agglutinants qui leur manquent : on éviterait ainsi l'emploi, dans d'aussi fortes proportions, des goudrons ou brais dont la valeur va sans cesse en augmentant : on arriverait peut-être même à les supprimer complètement.

Mais ce qui conviendrait surtout ici, ce serait l'adjonction d'une opération métallurgique ayant pour but la production de l'acier.

Il n'est pas en France une seule localité pouvant offrir les mêmes avantages que le bassin d'Aubin pour le développement de cette industrie. Le bas prix du charbon, la proportion relative énorme qui doit en être employé ; le voisinage des Pyrénées où l'on trouve des qualités excellentes et très variées de minerais admirablement propres à cette fabrication : tout concourt à assurer le succès d'une opération de ce genre.

Ajoutons qu'avec les charbons de l'Aveyron, presque toutes les opérations métallurgiques de cette fabrication pourraient être faites au gaz et que le coke resterait en produit supplémentaire pour la vente au commerce et aux chemins de fer.

Sans doute la faible quantité de menu que fournissent les charbons d'Aubin, relativement aux exploitations des autres bassins houillers, ne doit faire concevoir aucune crainte sur la facilité d'écoulement de ce produit. L'adjonction proposée ne serait qu'une meilleure utilisation de ces menus, en même temps qu'une très bonne opération par elle-même.

Planche, N.º 1.

Coupe Synoptique
Du bassin houiller d'Aubin et Decazeville
(Aveyron)

Système supérieur	Terrains d'alluvion	
	Grès schisteux souvent calcinés	
	Grande couche de charbon. Lassale, La Vaisse. Les Etuves.	A
	Grès Houiller	
	Charbon / Grès en Schistes / Charbon	} B Groupe
	Grès en Schistes / Charbon	
	Grès Houiller	
Système inférieur	Grande couche de Charbon, Cerles, Passelaygues, Campagnac.	C
	Grès Houiller	
	Charbon / Grès en Schistes / Charbon	} D Groupe
	Grès en Schistes / Charbon	
	Grès Houiller	
	Terrains Primitifs	

Planche N° 1 bis

Coupe Géologique Approximative
du bassin houiller d'Aubin et Decazeville, dep Valzergues à Boscedon près Firmy (Aveyron)

Planche N.º 3.

Profil de la grande couche du Mazel
avec l'indication des projets de travaux
Echelle de 0,001 pour un mètre.

Planche N° 3.

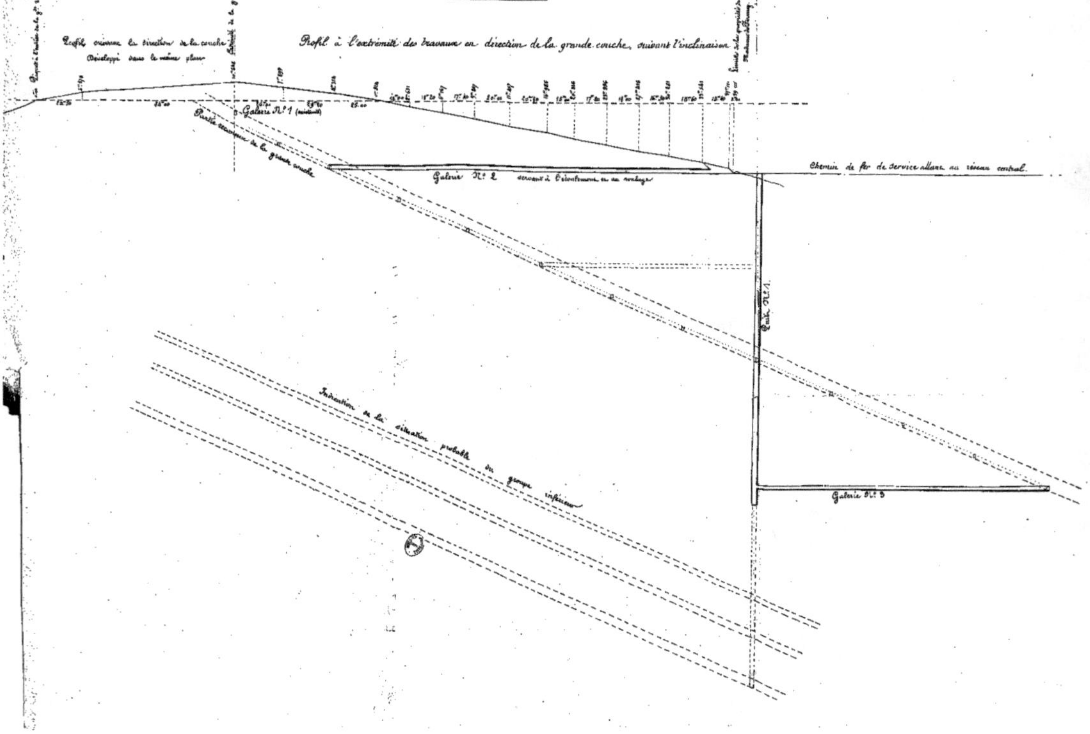

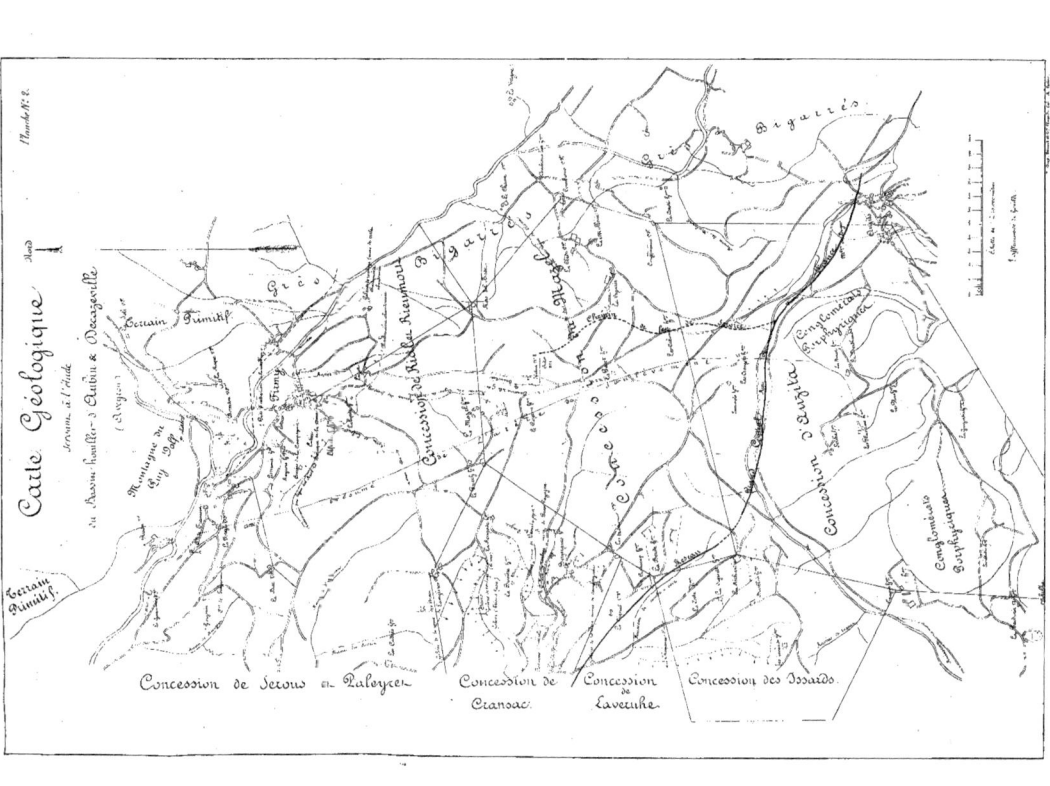

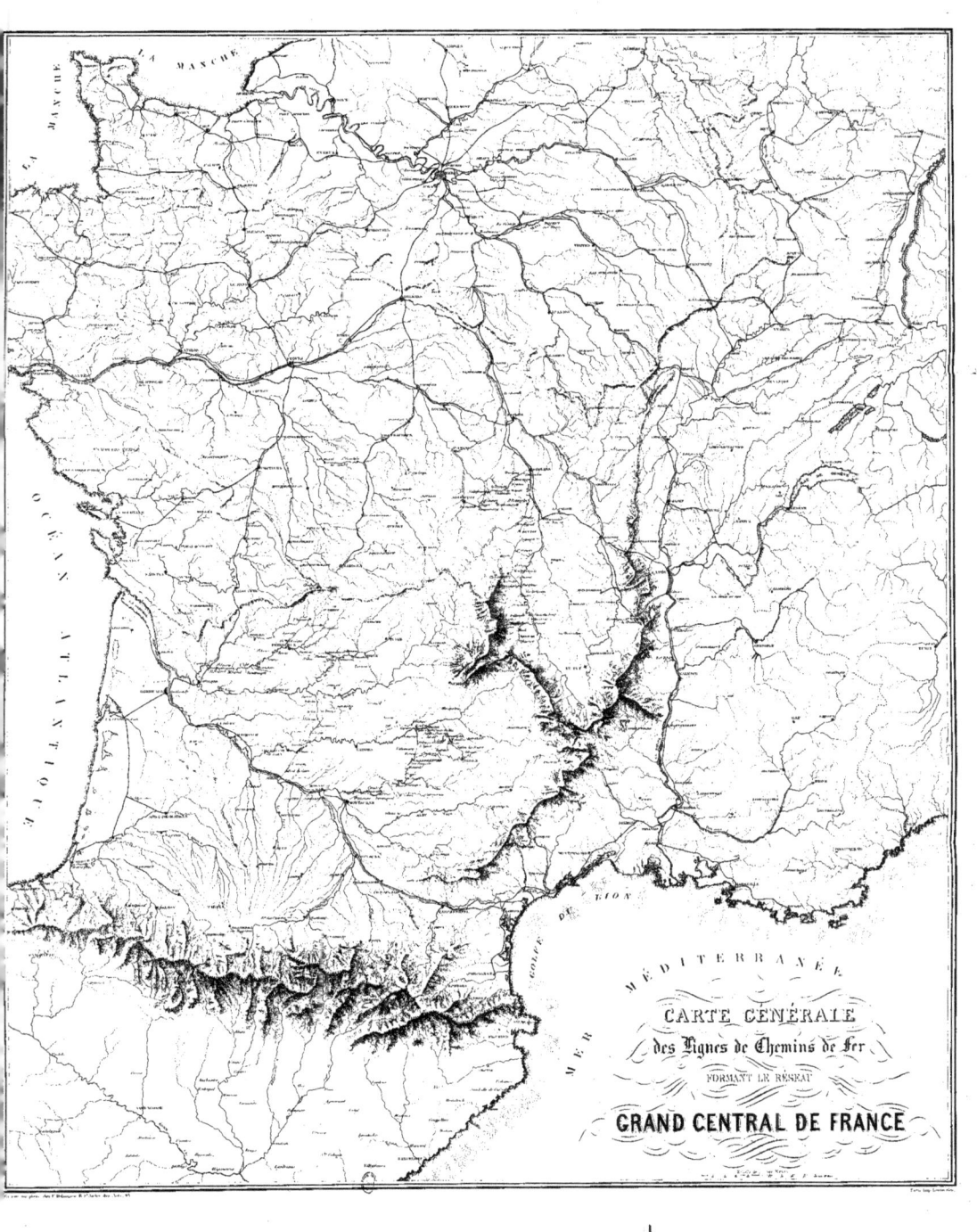

www.ingramcontent.com/pod-product-compliance
Lightning Source LLC
Chambersburg PA
CBHW060518050426
42451CB00009B/1048